POÉSIES

PAR

M. DELETOMBE.

LILLE,

IMPRIMERIE L. DANEL,

1879.

Y+

MADELEINE

OU

LE RÊVE DE PIERRE,[1]

Par M. DELETOMBE,

Membre correspondant.

———

Elle aura seize ans, Madeleine,
A la floraison des lilas ;
De plus belle dans notre plaine,
Je prétends, moi, qu'il n'en est pas.
Ce n'est qu'une enfant des chaumières,
La plus humble des ouvrières,
Qui n'a que ses bras pour tout bien ;
   Eh ! bien,
Entre les deux, elle et Germaine,
L'héritière du grand domaine,
Je choisis celle qui n'a rien.

(1) Extrait des *Mémoires de la Société des Sciences, de l'Agriculture et des Arts de Lille*, année 1878, tome VI, 4e série.

Dieu seul connaît combien je l'aime!...
Son cœur est d'or : voilà sa dot;
Elle suffit. Ai-je moi-même
Rien de plus, de mieux, dans mon lot?...
Riches d'amour et de courage,
On possède tout à notre âge;
A deux, bien unis, on est forts;
   Dès-lors
Que Madeleine soit ma femme,
Le paradis s'ouvre à mon âme,
J'ai dans mes bras tous les trésors.

C'est qu'elle est sage autant que belle,
Madeleine, la chère enfant;
C'est qu'on est tout ému près d'elle
Et tout en extase devant.
Je ne sais guère si les autres
Ont les mêmes yeux que les nôtres,
Ni des désirs aussi pressants;
   Je sens,
Pour moi, que si jamais sa vie
Par le trépas m'était ravie,
La mienne s'en irait aux vents!...

Bonne, elle est pleine de tendresse
Pour sa mère, d'âge avancé,
Qu'elle adore, quelle caresse,
Bien plus que moi, son fiancé.
Son sourire, sa voix console
Le malheureux qui se désole,
Et qu'elle trouve en son chemin;
   Sa main,
Avec une grâce infinie,
Sait offrir l'aumône bénie
De la grosse part de son pain.

Je ne saurais me passer d'elle,
Pas plus que d'air ni que de jour :
Il faut l'espace à l'hirondelle ;
Il me faut, à moi, son amour.
Loin d'elle, ma rude journée
Est longue de plus d'une année ;
Je gémis au joug du devoir !...
      La voir
Est le baume à toute blessure ;
C'est le bonheur outre mesure,
Le plaisir du matin au soir.

Qu'elle file, appuyée au saule,
Parmi son troupeau rassemblé,
Qu'elle porte sur son épaule
Botte d'herbe ou glane de blé,
Qu'elle remplisse les corbeilles,
Alors qu'on vendange les treilles
Et qu'on cueille les potirons,
      Bien ronds,
Sous la capette ou la mantille,
C'est toujours la plus douce fille
Que je connaisse aux environs.

Dejà je me vois en ménage,
Avec Madeleine au milieu :
Notre beau ciel est sans nuage ;
Elle est ma reine et suis son Dieu.
Nos félicités sans mélanges
Peuplent notre chaumière d'anges,
De rires, de jeux et de chants ;
      Les champs
S'ornent de fleurs et de verdure ;
L'air se parfume, et la nature
Pour nous s'épuise en soins touchants.

Nous avons chèvres à l'étable,
Poules dans notre poulailler;
Du lait, des œufs sur notre table,
Même des fruits dans le fruitier.
J'ai bien encor le coin de terre,
Dont je dois être locataire,
Partant le pain quotidien;
      Et rien
N'égalera notre richesse,
En y joignant avec largesse,
Moi mon amour, elle le sien.

Voici Madeleine qui pose
Le nouveau-né sur ses genoux,
Et lui présente le bout rose
D'un sein dont mes regards sont fous!...
Ivre de joie et de tendresse,
Je m'agenouille et je les presse
Contre mon cœur.... D'elle et de moi
      L'émoi
Nous fait verser de saintes larmes,
Épuisant la coupe des charmes
Qu'un tel bonheur renferme en soi.

Dès avant l'aube elle se lève,
Fait sa prière; à son enfant,
Qui lui sourit dans un doux rêve,
Envoie un baiser en passant;
Drape sa robe de futaine,
Légère, court à la fontaine,
Qui coule au pied du vieux bouleau,
      Et l'eau,
Par nulle main encor troublée,
Reflète en son urne sablée
De Madeleine le tableau :

C'est une blonde chevelure
Dont on déroule les flots d'or,
D'églantines une parure,
Humide de rosée encor ;
Ce sont des yeux d'un bleu céleste,
Un front calme, où jamais ne reste
Rien d'amer ni de soucieux ;
　　　　Rieux,
Ce sont des traits, c'est une bouche,
Où voudrait se poser la mouche
Qui cherche un fruit délicieux.

C'est un pur ovale, une joue
Teintée aux rayons du soleil ;
Un visage frais, où se joue
De la santé l'éclat vermeil ;
C'est une gorge, qu'ingénue,
A l'eau seule elle montre nue ;
Des bras potelés faits au tour ;
　　　　Autour
D'elle les fleurs palissent,
Les zéphirs timidement glissent,
Heureux d'en toucher le contour.

C'est une taille, une souplesse
Qu'ont les roseaux, les osiers verts,
Un port de reine, une noblesse,
A mettre à ses pieds l'univers.
Quand elle porte sur la hanche
Son vase plein, d'où l'eau s'épanche,
On dirait qu'en rêveuses nuits,
　　　　Séduits,
Les yeux voient un pieux emblème
De chasteté, Rebecca même
Aux scènes naïves du puits.

Elle revient ; bientôt la flamme
S'élance ardente du landier ;
Le lait bouillonne ; époux et femme
Se serrent près du gai foyer.
Durant cette chère frugale,
De gais propos on se régale,
Mangeant moins des dents que des yeux.
Joyeux
De son baiser qui m'encourage,
Je cours, je vole à mon ouvrage,
D'où je rentre tout radieux.

Voilà mon rêve !... Et Madeleine
Aura seize ans, quand les lilas
Fleuriront ; et dans notre plaine,
Non, de plus belle il n'en est pas !
Ce n'est qu'une enfant des chaumières,
La plus humble des ouvrières,
Qui n'a que ses bras pour tout bien ;
Eh ! bien,
Entre les deux, elle et Germaine,
L'héritière du grand domaine,
Je choisis celle qui n'a rien.

Seclin, le 12 janvier 1878.

Lille-Imp. L Danel

LA LUMEROTTE,[1]

Par M. DELETOMBE,

Membre correspondant.

———

Il est au fond de mon village
Un lieu, des passants redouté,
Peuplé d'histoires, dont nul âge
Jusqu'ici n'a jamais douté.
Dans ce lieu rempli d'épouvante,
Qu'aucun homme prudent ne hante,
Loge dans les grands osiers d'eau,
Malheur au méchant qui s'y frotte!
Un follet... C'est la Lumerotte,
La Lumerotte du château!

Si la chose était moins certaine
Et n'était vieille de mille ans,
Je dirais : C'est Croquemitaine,
La terreur des petits enfants.
Mais ce n'est pas fable, au contraire;
Et puis, quelle peine est à faire
Aux naïvetés du berceau?
Or, jamais bambin qu'on dorlotte
N'eut à craindre la Lumerotte
Des grands osiers du vieux château.

(1) Extrait des *Mémoires de la Société des Sciences, de l'Agriculture et des Arts de Lille*, année 1878, tome VI, 4e série.

Est-ce un œil que la Providence
Tient alors ouvert dans la nuit
Sur le crime, sur l'innocence,
Qui guide, arrête, ou qui poursuit ?
Est-ce un mystère des ténèbres ?
Un esprit des séjours funèbres ?
Quelque âme errante d'un tombeau ?
On ne sait... Mais de peur grelotte
Celui qui voit la Lumerotte
Dans les osiers du vieux château !

Malheur aux filles trop légères,
Négligeant de se souvenir,
Qui par les routes bocagères
Prennent trop tard pour revenir !
Dans les sentiers sont des épines,
Des ronces, des branches mutines,
Où se déchire le manteau ;
Puis, veillant dans sa sombre grotte,
Au bout du bois, la Lumerotte,
La Lumerotte du château.

Malheur à qui de la kermesse
S'en revient, ayant séjourné
Plus au cabaret qu'à la messe,
Titubant, d'un pas aviné !...
Il pourrait bien finir la fête
Par quelque fâcheux tête-à-tête,
Ne rentrer que tard au hameau,
Et sentir griller sa calotte
Au contact de la Lumerotte
Qui quête autour du vieux château.

Malheur au braconnier qui rôde
Sur les chasses de son voisin !
Au gars, qui court à la maraude,
Jette au pommier, tire au raisin !
Malheur au paysan avide
Qui, dans l'obscurité livide,
Porte d'un larcin le fardeau.
Comme un remords qui les picotte,
Les poursuivra la Lumerotte
Des grands osiers du vieux château.

Malheur à qui, seul et dans l'ombre,
Déplace les bornes des champs,
Et voyage par la nuit sombre,
Méditant des projets méchants !
Une puissance sans entrailles
Lui réserve des représailles ;
Il sera frappé d'un fléau,
Qui sur sa tête déjà flotte,
Suspendu par la Lumerotte,
La Lumerotte du château.

On dit que si quelque coupable,
Conduit par son malheureux sort,
Osait enlever d'une étable
Vache ou veau, quand le maître dort,
Accourrait dans l'air une flamme,
Qui trancherait, comme une lame,
Au licol le nœud du cordeau ;
Que le larron serait de crotte
Aveuglé par la Lumerotte,
Qui veille aux osiers du château.

On prétend que si dans les granges
Un vol de gerbes se cachait,
On verrait des choses étranges,
Dont le voleur serait l'objet;
On dit qu'au moment de les battre,
Un lutin, faisant diable à quatre,
Mettrait l'homme sur le carreau;
Qu'en cendres serait chaque botte
Réduite par la Lumerotte,
La Lumerotte du château.

Témoin, voici ce qu'on raconte
D'un fin matois, rôdeur des nuits,
Qui, de sa peur et de sa honte,
Est resté malade depuis :
Il trouva qu'il était facile
D'avoir, sans semoir ni faucille,
De grain un bel et gros monceau.
A minuit, chargé de sa hotte,
Il partit... Mais la Lumerotte
Veillait aux osiers du château.

Par les champs mon homme ripaille,
Tirant, arrachant des deux mains;
Prenant l'épi, laissant la paille,
A bas dos, le long des chemins,
Hardi, seul, la nuit dans la plaine,
Voyant déjà sa hotte pleine,
Il bourrait tout : blouse, chapeau,
Même ses poches de culotte,
Lorsque apparût la Lumerotte,
La Lumerotte du château!...

Quand la foudre, en un temps d'orage,
Serait tombée à son côté,
Il n'eût pas, perdant tout courage,
Tant sur lui-même tressauté !
Il veut fuir, la frayeur l'arrête...
Ses dents claquent; il perd la tête,
L'eau ruisselle sous son chapeau,
Ses yeux voient bleu, son corps tremblotte,
Il râle, il crie : « O Lumerotte,
» Lumerotte du vieux château,

» Pardon !... » Mais sourde à sa détresse,
A ses grimaces, à ses cris,
La Lumerotte vengeresse
Épand les épis qu'il a pris;
Et de grands bras armés de gaules,
Frappant, lui cinglent les épaules
De coups qui lui zèbrent la peau !...
Autour du corps on le garrotte,
Puis l'entraîne la Lumerotte
Vers les osiers du vieux château.

Alors il voit une fumée
Qui s'élève de toutes parts;
Sa hotte vide est consumée
Ainsi que ses épis épars;
Autour de lui court une ronde,
Danse effrénée et vagabonde,
Dont les lutins forment l'anneau;
Battant du pied, chacun sabotte,
Lui suit toujours la Lumerotte
Qui vole vers le vieux château...

Il va, vaine est la résistance,
Vers le point où la flamme a lui ;
Il va, subissant la puissance,
Qui l'entraîne droit devant lui,
A travers champs, landes, bruyère...
Tant qu'enfin, la tête première,
Il plonge au fond d'un batardeau ;
Il boit l'onde, étouffe, barbotte...
Et près de lui la Lumerotte
Rit dans les osiers du château.

Brisé d'efforts et de fatigue,
S'accrochant des dents et des doigts,
Il remonte enfin sur la digue,
Et là, se signant par trois fois,
Il confesse au ciel, à la terre
Son péché, qu'il croit un mystère,
Voilé d'un éternel rideau...
Puis retourne, au lit se boulotte,
Dort mal et rêve Lumerotte,
Lutins et fossé du château.

Le lendemain, le vieux champêtre,
De ses insignes revêtu,
Le prend au somme et lui dit : « Maître,
« Nous savons qu'on vous a battu !... »
Et riant dans sa barbe grise :
« Voulez-vous que l'on verbalise
» Contre cet attentat nouveau ?
» L'auteur est un singulier hôte,
» Car on cite la Lumerotte
» Qui loge aux osiers du château. »

A l'équivoque de ce dire,
Notre homme flaire la prison,
Prend la fièvre, tombe en délire
Et perd tout-à-fait la raison !...
Il en revint ; mais l'algarade
Lui laisse encor l'esprit malade
Et lui trotte par le cerveau :
Sans cesse est devant lui sa faute ;
Toujours il voit la Lumerotte
Et les osiers du vieux château !

Or donc, il est dans mon village
Un lieu des passants redouté,
Peuplé d'histoires, dont nul âge
Jusqu'ici n'a jamais douté.
Dans ce lieu rempli d'épouvante,
Que nul homme prudent ne hante,
Loge dans les grands osiers d'eau,
Malheur au méchant qui s'y frotte !
Un follet... C'est la Lumerotte,
La Lumerotte du château.

Seclin, le 6 février 1878.

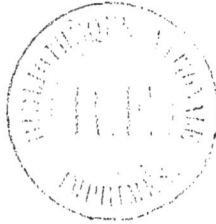

Lille-Imp. L Danel.

www.ingramcontent.com/pod-product-compliance
Lightning Source LLC
Chambersburg PA
CBHW071346290326
41933CB00040B/2490